I'm Like You, You're Like Me
A Book About Understanding and Appreciating Each Other

Yo soy como tú, tú eres como yo
Un libro para entendernos y apreciarnos

Cindy Gainer
ilustrado por Miki Sakamoto

free spirit
PUBLISHING®

Library of Congress Cataloging-in-Publication Data
Names: Gainer, Cindy, author. | Sakamoto, Miki, illustrator. | Rojas, Edgar, translator. | Gainer, Cindy. I'm like you, you're like me. | Gainer, Cindy. I'm like you, you're like me. Spanish.
Title: I'm like you, you're like me : a book about understanding and appreciating each other / Cindy Gainer ; illustrated by Miki Sakamoto ; translated by Edgar Rojas = Yo soy como tú, tú eres como yo : un libro para entendernos y apreciarnos / Cindy Gainer ; ilustrado por Miki Sakamoto ; traducido por Edgar Rojas.
Other titles: Yo soy como tú, tú eres como yo
Description: Golden Valley, MN : Free Spirit Publishing Inc., [2016] | In English and Spanish.
Identifiers: LCCN 2016013967 (print) | LCCN 2016022727 (ebook) | ISBN 9781631981234 (pbk.) | ISBN 1631981234 (pbk.) | ISBN 9781631981241 (Web pdf) | ISBN 9781631981258 (Epub)
Subjects: LCSH: Individual differences in children—Juvenile literature.
Classification: LCC BF723.I56 G3518 2016 (print) | LCC BF723.I56 (ebook) | DDC 155.4/122—dc23
LC record available at https://lccn.loc.gov/2016013967

Reading Level Grade 1; Interest Level Ages 3 to 8;
Fountas & Pinnell Guided Reading Level I

Cover and interior design by Tasha Kenyon
Translation by Edgar Rojas, EDITARO

10 9 8 7 6 5 4 3 2 1
Printed in China
R18860616

Free Spirit Publishing Inc.
6325 Sandburg Road, Suite 100
Minneapolis, MN 55427-3674
(612) 338-2068
help4kids@freespirit.com
www.freespirit.com

Free Spirit offers competitive pricing.
Contact edsales@freespirit.com for pricing information on multiple quantity purchases.

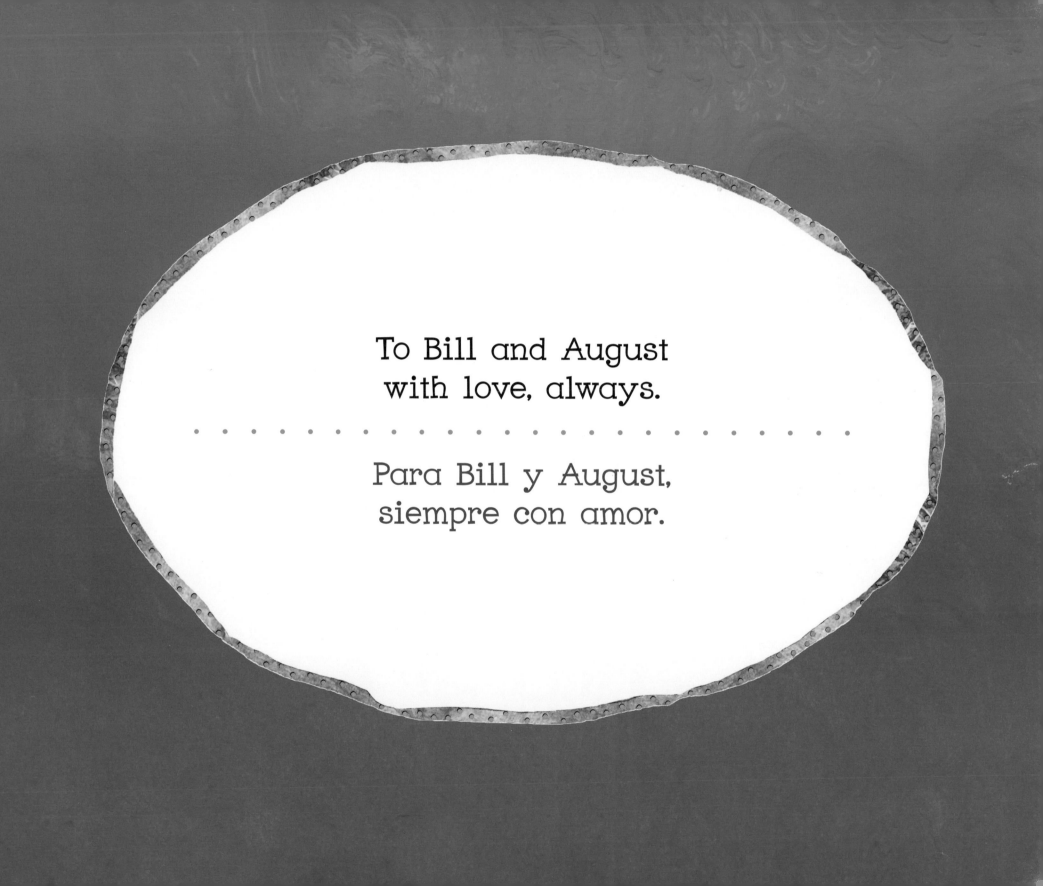

To Bill and August
with love, always.

· ·

Para Bill y August,
siempre con amor.

You and I are alike in many ways.

We may be the same age or live on the same street.

We may go to the same school or even have the same name.

Tú y yo nos parecemos en muchas cosas.

Quizás tenemos la misma edad o vivimos en la misma calle.

Quizás vamos a la misma escuela o también tenemos el mismo nombre.

STOP
PARE

3

We are different from each other, too.

Our hair may be brown or blond or red or black.

Our eyes may be blue or brown or green.

Our skin may be dark or light or in between.

Pero también somos diferentes.

Nuestro cabello puede ser de color castaño, o rubio, o rojo, o negro.

Nuestros ojos pueden ser azules, o castaños o verdes.

Nuestra piel puede ser oscura o clara, o de un color intermedio.

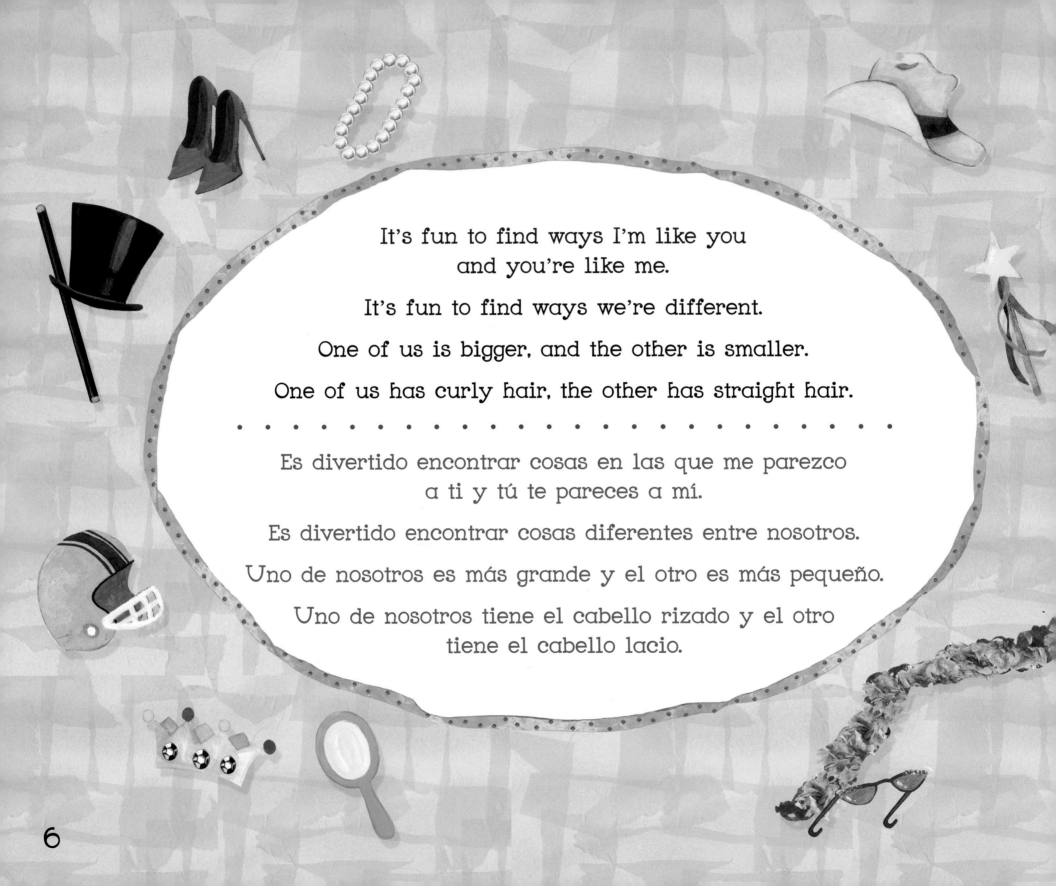

It's fun to find ways I'm like you
and you're like me.

It's fun to find ways we're different.

One of us is bigger, and the other is smaller.

One of us has curly hair, the other has straight hair.

. . . .

Es divertido encontrar cosas en las que me parezco
a ti y tú te pareces a mí.

Es divertido encontrar cosas diferentes entre nosotros.

Uno de nosotros es más grande y el otro es más pequeño.

Uno de nosotros tiene el cabello rizado y el otro
tiene el cabello lacio.

6

I like my body and how I look.

My body is just right for me.

Your body is just right for you.

Me gusta mi cuerpo y la forma como luzco.

Mi cuerpo es perfecto para mí.

Tu cuerpo es perfecto para ti.

I was a baby once and so were you.

It's fun to look at our baby pictures.

See how little we used to be!

Hace tiempo yo era un bebé y tú también lo eras.

Es divertido mirar las fotos de cuando éramos bebés.

¡Mira que pequeñitos éramos!

I've learned how to do some things by myself, and so have you.

We can both tie our shoes.

We can both ride a bike.

We can both write our names.

He aprendido a hacer unas cosas por mí mismo y tú también.

Ambos nos podemos atar los zapatos.

Ambos podemos andar en bicicleta.

Ambos podemos escribir nuestros nombres.

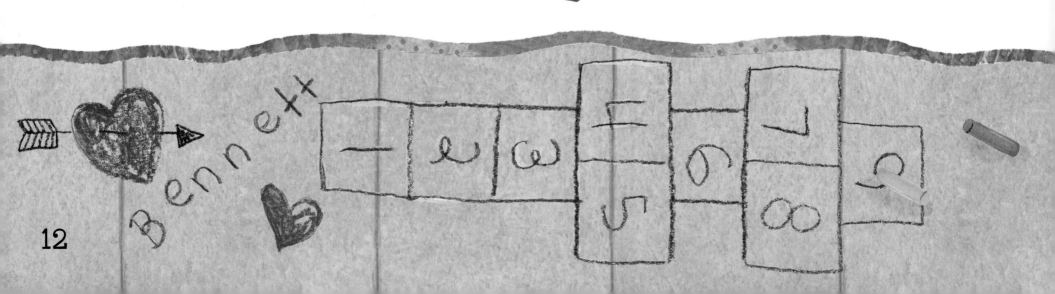

We have different families.

Some families have many people.

Some families have few people.

Tenemos familias diferentes.

Algunas familias son muy grandes.

Algunas familias son pequeñas.

We celebrate holidays and special days.

Sometimes we celebrate the same holidays.

Sometimes we celebrate different holidays.

Sometimes we celebrate the same holidays in different ways.

Celebramos las fiestas y los días especiales.

Algunas veces celebramos las mismas fiestas.

Algunas veces celebramos fiestas diferentes.

Algunas veces celebramos las mismas fiestas en días diferentes.

Even though we're different in some ways,
we can enjoy being together.

We can show that we like and welcome each other.

We can learn to accept each other.

· ·

Aunque somos diferentes en ciertas cosas,
podemos divertirnos juntos.

Podemos demostrar que nos gustamos y aceptamos.

Podemos aprender a aceptarnos el uno al otro.

18

I feel accepted when you invite me to your home to play.

Or when you want to be my buddy as we line up for playground time.

I feel accepted when you say I'm your friend.

Siento que me aceptas cuando me invitas a jugar a tu casa.

O cuando quieres ser mi compañero de juego cuando salimos a jugar a la hora del recreo.

Siento que me aceptas cuando dices que soy tu amigo.

We can listen to each other.

This is a good way to get to know each other better.

We can learn more ways we're alike and different.

· ·

Podemos escucharnos.

Esta es una buena manera de conocernos mejor.

Podemos aprender más sobre lo que tenemos en común
y lo que nos hace diferentes.

You listen when I tell you a story.

I listen to your stories, too.

I listen when you tell me about something important that happened to you.

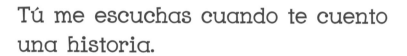

Tú me escuchas cuando te cuento una historia.

Yo también escucho tus historias.

Yo te escucho cuando me cuentas algo importante que te sucedió.

We can tell each other about things we like
and things we don't like.

We can try our best to understand each other.

. . . .

Podemos hablar sobre las cosas que nos gustan
y las cosas que no nos gustan.

Podemos tratar de entendernos lo mejor posible.

27

I can tell you how I'm feeling.

You can tell me how you're feeling, too.

We can tell each other what we want and what we need.

Sometimes we want the same things.

Sometimes we want different things.

Te puedo decir cómo me siento.

Tú también me puedes decir cómo te sientes.

Podemos hablar sobre lo que queremos y lo que necesitamos.

Algunas veces queremos las mismas cosas.

Algunas veces queremos cosas diferentes.

We can try our best to be kind to each other.

Even when we don't agree with each other.

Even when we feel tired or upset.

Podemos hacer todo lo posible para ser amables el uno con el otro.

Aunque no estemos de acuerdo.

Aunque nos sintamos cansados o enojados.

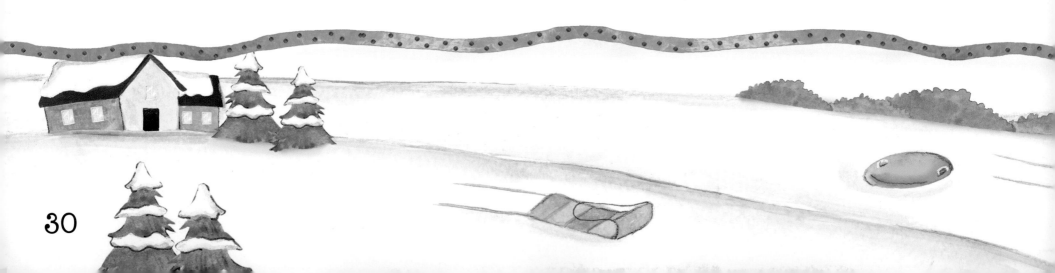

It's unkind to make fun of each other
or call each other names.

That hurts people's feelings.

Let's be nice instead.

· ·

Es desagradable burlarnos el uno del otro
o llamarnos con nombres burlones.

Eso hiere los sentimientos de las personas.

Mejor tratémonos de una manera agradable.

We're nice to each other when we hold hands.

When we say "Please" and "Thank you."

When we take turns.

When we give each other help.

Nos tratamos de manera agradable cuando nos tomamos de las manos.

Cuando decimos "Por favor" y "Gracias".

Cuando esperamos nuestro turno.

Cuando nos ayudamos mutuamente.

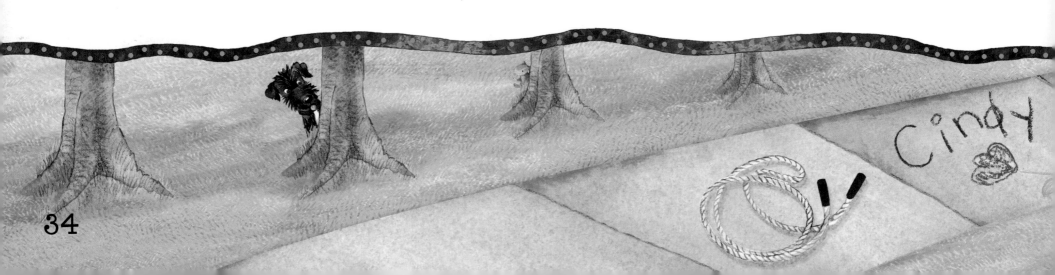

Sometimes we work together to get things done.

We cooperate with each other.

We cooperate when we build a sand castle together.

We cooperate when we play a game all the way
to the end, without fighting.

. . . .

Algunas veces trabajamos juntos para poder terminar las cosas.

Cooperamos entre nosotros.

Cooperamos cuando juntos construimos un castillo de arena.

Cooperamos cuando jugamos hasta el final del
juego sin discutir.

When we cooperate, we can do almost anything!

We can play together and work together.

We can be friends.

Cuando cooperamos, ¡podemos hacer casi de todo!

Podemos jugar y trabajar juntos.

Podemos ser amigos.

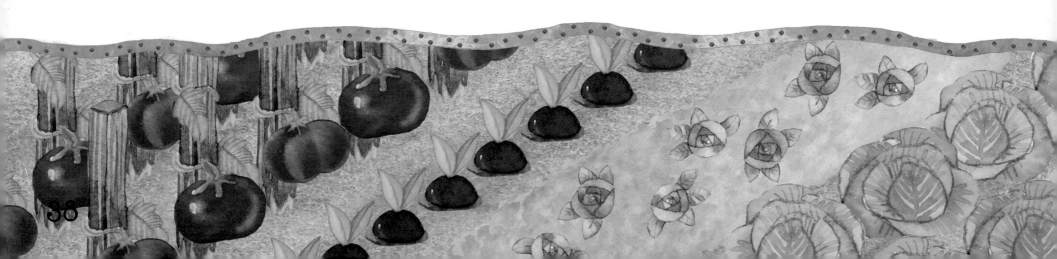

I'm like you, you're like me.

But we're not exactly the same.

That's why I like you and you like me.

Yo soy como tú, tú eres como yo.

Pero no somos exactamente iguales.

Es por eso que me agradas y yo te agrado.

Talking with Children About Tolerance and Respect for Others

I'm Like You, You're Like Me addresses the subject of diversity through six concepts: comparing, acceptance, listening, understanding, kindness, and cooperation. As you read, ask children what is happening in the pictures: What are the characters doing? What do you think they are feeling? Be open to children's contributions to the discussion and different interpretations of the concepts. Ask questions that invite children to explain what they are thinking.

Comparing (pages 2–17)

Making comparisons, in a favorable way, can help children find qualities and interests they share and learn that differences are something to appreciate.

- Compare the characters in the book. How are they alike and different?

- Ask children: How are you and your friends and family members alike and different?

Acceptance (pages 18–21)

As young children develop friendships, they explore the importance of respecting and accepting others. Sharing and taking turns provide opportunities for children to practice acceptance.

- Do you think these children are friends? How can you tell?

- What do friends do together? What are some things that you share with friends?

Play simple board games and outdoor games such as ring around the rosy, hopscotch, or tag, and help the children take turns.

Listening (pages 22–25)

Hearing about another person's experiences can spark children's interest and curiosity. Listening reinforces and broadens children's understanding of what people can have in common.

- How can you tell that the children are listening in the picture?

Ask a child to read or tell a story to you or the group. Talk about ways to be a good listener: look at the person who is speaking, listen carefully, and don't interrupt. Ask questions if you have them.

Understanding of Self and Others (pages 26–29)

Children can experience their own uniqueness and that of others by making choices. Provide children opportunities to make choices often throughout the day. Looking at page 27, ask them:

- What kinds of books are these children looking at? What's different about each child's choice?

- What kind of books do you like?

Help children understand how to show and talk about feelings in ways that don't hurt others. Point to different children on page 29 and ask:

- How do you think this child is feeling?

- What do you think this child is saying or feeling?

Model empathic phrases such as, "I understand that you like the rain but are afraid of thunder."

Kindness (pages 30–35)

Teach children how to express kindness through their words and actions. Children can feel empowered by participating in kind acts that provide help to others.

- How do you think each child in the picture feels? Why?

- Can you tell about a time you helped someone?

Talk about words and actions that are kind. Provide opportunities for children to help, such as putting away games and books, feeding a pet, or cleaning up after a snack.

Cooperation (pages 36–40)

Part of cooperating is being patient. To help kids learn to be patient with each other, give them fun projects with clear goals, such as building a block tower or doing an art project together.

- Do you think the children in this picture are having a good time? Why?

- What are some things you and your friends do together? How do you make sure you get along?

- How do you think it feels when people work hard together and finish a job?

Model understanding, acceptance, and all the concepts outlined in this book. Children need to feel accepted, valued, and understood in order to learn to accept, value, and understand others.

Hablar con los niños sobre la tolerancia y el respeto por los demás

Yo soy como tú, tú eres como yo se enfoca en el tema de la diversidad por medio de seis conceptos: comparar, aceptar, escuchar, entender, ser amable y cooperar. A medida que va leyendo, pregunte a los niños sobre qué está sucediendo en las imágenes: "¿Qué están haciendo los niños en las imágenes? ¿Qué piensas que están sintiendo?" Esté atento a sus opiniones durante la charla y a las diferentes interpretaciones de los conceptos. Haga preguntas que los motive a explicar qué están pensando.

Comparar (páginas 2-17)

Hacer comparaciones de manera positiva puede ayudar a los niños a descubrir cualidades e intereses que comparten y a aprender que las diferencias son algo que también pueden apreciar.

- Compare las imágenes del libro. "¿En qué son parecidas o diferentes?"
- Pregunte a los niños: "¿En qué te diferencias de tus amigos y tus familiares y en qué te pareces?"

Aceptar (páginas 18-21)

A medida que los niños crean amistades, ellos exploran la importancia de respetar y aceptar a los demás. Compartir y turnarse les da la oportunidad de practicar el aceptarse unos a otros.

- ¿Piensas que estos niños son amigos? ¿Por qué?
- ¿Qué es lo que los amigos hacen juntos? ¿Qué cosas compartes con tus amigos?

Practique juegos de salón fáciles y actividades al aire libre como los juegos en círculo, la rayuela, correr y tocar, y ayúdelos a turnarse.

Escuchar (páginas 22-25)

Escuchar sobre las experiencias de otras personas puede despertar el interés y la curiosidad de los niños. También refuerza y expande la capacidad de entendimiento en cuanto a lo que las personas tienen en común.

- ¿Cómo puedes saber que los niños en la imagen están poniendo atención?

Pídale a uno de los niños que le lea o cuente una historia a usted o al grupo. Hable sobre las maneras de escuchar bien: "Mira a la persona que está hablando, escucha cuidadosamente y no interrumpas". "Haz preguntas si es necesario".

Entenderse a sí mismo y a los demás (páginas 26-29)

Los niños pueden experimentar su propia originalidad y la de los demás al hacer elecciones. Permítales hacer elecciones con frecuencia durante el día. Mirando en la página 27, pregúnteles:

- ¿Qué clase de libros están mirando estos niños? ¿En qué se diferencia la elección de cada niño?
- ¿Qué clase de libros te gustan?

Ayude a los niños a entender cómo mostrar y hablar sobre los sentimientos de tal manera que no hiera a los demás. Señale a los diferentes niños en la página 29 y pregunte:

- ¿Cómo crees que este niño se está sintiendo?
- ¿Qué crees que este niño está diciendo o sintiendo?

Utilice frases comprensivas como: "Entiendo que te guste la lluvia y que le tengas miedo a los truenos".

Amabilidad (páginas 30-35)

Enseñe a los niños cómo expresar la amabilidad por medio de palabras y acciones. Ellos pueden sentirse fortalecidos al participar en actos de amabilidad que conllevan a ayudar a alguien.

- ¿Cómo crees que se siente cada niño en la imagen? ¿Por qué?
- ¿Me puedes contar sobre alguna ocasión donde ayudaste a alguien?

Hable sobre las palabras y las acciones que indican amabilidad. Déles la oportunidad para que ayuden, por ejemplo, a guardar los juguetes y los libros, alimentar a las mascotas o limpiar la mesa después de una comida.

Cooperación (páginas 36-40)

Cooperación significa en parte tener paciencia. Para enseñarles a tenerse paciencia, asígneles proyectos agradables con metas definidas, como construir una torre con bloques o llevar a cabo un trabajo de arte juntos.

- ¿Crees que los niños en esta imagen se están divirtiendo? ¿Por qué?
- ¿Qué clase de cosas haces con tus amigos? ¿Qué haces para que todos se lleven bien?
- ¿Cómo crees que se sienten las personas cuando se esfuerzan trabajando juntas y terminan ese trabajo?

Coloque ejemplos sobre entendimiento, aceptación y los otros conceptos resaltados en este libro. Los niños necesitan sentirse aceptados, valorados y entendidos para así poder aprender a aceptar, valorar y entender a los demás.

About the Author

Award-winning author **Cindy Gainer** has worked with and
for children for nearly three decades as an educator, proprietor of
a preschool, athletic mentor, illustrator, musician, workshop presenter, and
support professional for children with special needs.

About the Illustrator

Miki Sakamoto has been drawing as long as she can remember. She spent most of her childhood
sketching, coloring, and painting. Miki studied fine arts and illustration at California State University,
Long Beach, and has illustrated several picture books.

· · · · · · · · · · · · · · · ·

Sobre la autora

Por casi tres décadas la laureada autora **Cindy Gainer** ha trabajado con y para niños como educadora,
propietaria de una escuela preescolar, mentora de atletas, ilustradora, música, directora de talleres y
de apoyo profesional para niños con necesidades especiales.

Sobre la ilustradora

Miki Sakamoto ha estado dibujando desde muy temprana edad. La mayor parte
de su niñez la pasó dibujando, coloreando y pintando. Miki estudió
bellas artes e ilustración en California State University, en
Long Beach, y ha ilustrado varios libros.

Look for more bilingual books at freespirit.com.

Busque libros más bilingües en freespirit.com.